심장을 두고 왔다

박숙경 시조집

가히 시선 014　　　　　　　　　　박숙경 시조집

심장을 두고 왔다

가히

시인의 말

저 길 끝에
누군가 있을 것만 같아

푸른 바람과 푸른 사람과
푸른빛을 헤치고 걸어갑니다.

거기,
있어요?

2025년 5월
박숙경

차례

시인의 말

제1부

풍설야귀인 · 13
그래요 · 14
오! 해피타임 · 15
헛바늘 · 16
희망자원 앞에서 · 18
성산포 · 19
유호연화 · 20
석류 · 21
청자상감운학문매병 · 22
매미 · 24
삼달리 · 25
자장매 · 26
뜨개질하는 여자 · 27
민달팽이 · 28

제2부

앙간비금도 · 31

봄동의 내력 · 32

무당거미 · 33

개미 · 34

매화가 있는 풍경 · 36

오감 꽝꽝 죽도시장 · 37

청화백자초화문병 · 38

그래도, 봄날은 간다 · 39

버드 세이버 · 40

슬도에서 · 41

풍경, 한 채 · 42

백로 · 44

거울, 길상시 · 45

망종 무렵 · 46

제3부

11월 · 49

빗방울 · 50

햇빛이 다시 돌아올 때까지 · 51

속수무책 · 52

겨울 강가에서 · 54

입춘 · 55

그리움도 시가 되는가 · 56

시월의 오후 · 57

자갈마당 · 58

신 고려장 · 60

섬 · 61

흰 노루귀 · 62

부탁 · 63

순천만 · 64

그저, 아득한 · 65

눈 이후 비 · 66

제4부

망연자실 · 69

만휴정에서 · 70

모닝커피를 마시며 · 71

감은사지에서 · 72

고니를 찾아서 · 73

배풍등 · 74

맥문동 꽃이 피었습니다 · 75

모전석탑을 읽다 · 76

입추 · 77

우보역에서 · 78

입동 무렵 · 79

휴애리, 동백 · 80

묵호 · 81

안개꽃 · 82

메이팅 콜 · 83

꽃양귀비 · 84

제5부

심장을 두고 왔다 · 87

칠월 · 88

조문국을 그리다 · 89

봄밤 · 90

상강 무렵 · 92

금낭화 · 93

11월 11일 · 94

아네모네 · 95

겨울밤 · 96

추암에서 · 97

토마토 먹는 저녁 · 98

흑백사진 · 99

그런 거다 · 100

포석정 · 101

산목련 · 102

해설 다시 태어난 문장들 · 103
    이송희(시인)

제1부

풍설야귀인
— 최북崔北을 생각하며

세상이라는 곳 어디 바람만 있겠어요
세상이라는 곳 어디 눈보라만 있겠어요

눈 덮인 황량한 길
나부끼는 사람아

누구는 그림처럼 살다 갔다고 하죠
누구는 부평초처럼 떠돌았다고 하죠

오래전 허공에 그린 생을
몰래 꺼내 읽습니다

아무도 몰라줘도 알아주지 않아도
뚜벅뚜벅 걸어간 움푹 패인 발자국

요약된 파란만장의 삶
행간을 더듬는 밤

그래요

똑 부러진 그 말 앞에
딱히 할 말 없을 때

슬며시 부정적일 때
아니요, 보다 밝은

한 박자 놓친 뒤에야
꺼내는 말 그래요,

세상에서 가장 쉬운 말이라서 어려운

싱겁고 미지근한
그 말 받아 되보낸 후

행여나 마음 다칠까
혼자 애타 기우는 밤

오! 해피타임

우수가 목전인데 뒤로 걷는 엄동설한
난로 위 뜨거운 물 빛 모금에 풀린 억자
며칠 전 신문을 들고 독백을 뱉어낸다

세상은 휘파람 같아 입술을 빠져나간
가위질 삼십 년에 루머처럼 빚만 늘어
거꾸로 매달아 놓은 창백한 점포 임대

거울을 앞에 두고 뒤통수를 읽다 보면
애매한 분위기는 어느새 화기애애
모처럼 발그레 익은 해피타임 월요일

헛바늘

뭉툭해진 화살 끝 뾰족하게 다시 벼려
과녁의 한복판에 직선으로 꽂습니다

팽팽히
잡아당기면
터질 줄 알면서도

나 먼저 말하려다 혀를 또 깨뭅니다
깨문 자리 또 깨문 건 입조심하라는 뜻

무심히
뱉어낸 말이
되돌아와 박힙니다

심장이 뻐근해서 며칠 앓아눕지만
귀룽꽃 모퉁이에 사월은 다시 와서

하얗게

마른 자국 위에
빨간 꽃을 피웁니다

희망자원 앞에서

흘러내리는 하품을 간신히 달래놓고
막다른 골목까지 몇 바퀴 훑고 나면
무시로 되돌아나간 희망 한 줌 찾을까

빠진 앞니 움푹히 새어든 파란만장
손가락 마디마디 수없이 박힌 옹이
늑막과 늑막 사이에 압축된 저, 빗금들

굽신거려 발굴한 누군가의 과거를
곱잖은 시선 등지고 손수레에 싣는다
경적과 시시한 연민 잠시 접어두고서

불법과 합법 사이 아슬아슬한 편견들
최후진술 즐비한 문밖에서 듣는다
당신의 오래된 희망
아직, 유효한가요?

성산포

간밤에 몰래 와서 수면 위에 잠든 별
파도가 흔들기 전 나 먼저 깨워볼까
간신히 귓불에 닿은
이명 같은 숨비소리

막 썰어낸 뿔소라를 한 접시 당겨놓고
소주 생각 없다는 말 이곳에선 금기어
바람은 억센 손아귀로
머리채를 흔들고

저 멀리 먹구름에 휘감긴 두모악이
나타났다 사라졌다 저 혼자 숨바꼭질
물결이 물결을 잡고
바람을 표설하는

유호연화

잠자리 날개 위에 얹혀온 뙤약볕이
칠월의 달력 위에 지문 눌러 찍으면

라르고
아다지오로 다가서는
이, 고요

숨죽인 바람들이 대궁을 빠져나와
동그란 슬픔 위에 긴 숨 불어넣으면

먹먹한
그리움으로 일렁이는
저, 꽃등

석류

반으로 쪼갠 심장 사방이 혈흔이다

검붉게 핏발 세운 수백의 부릅뜬 눈

알알이
뜨겁게 여문
그리움을 꺼낸다

무한정 고인 사랑 생각할수록 먹먹해

건드리면 언제라도 붉은 눈물 뚝뚝뚝

며칠은
견뎌내겠나
그, 그리움 다 삼키면

청자상감운학문매병

단 한 번 비상飛上 위해 셀 수 없이 고른 세월

청잣빛 허공에는 상감象嵌이 안성맞춤

학 날개 깃에서 꺼낸 흰 구름 띄웁니다

닫으면 열고 싶고 열어두면 닫고 싶은

동짓날 팥죽 끓듯 부글거린 속내 안고

오래된 꿈을 위하여 천번 만번 날갯짓

안에서나 바깥에서나 이냥 저냥 차올라서

시공은 초월하고 화염 따윈 견뎠으리

요약된 불과 바림의 몽환적인 저, 농담濃淡

술을 품듯 꽃을 품듯 그 아니면 또 어떠리

불멸의 마음으로 천 년을 지켜낸 이

겹겹의 구름을 뚫고 비상하라 사람아!

매미

잠자리는 천지사방 땡볕을 옮겨놓고
여기는 불볕 천국 저기는 불볕 지옥
폭염을 전파하느라 날개 다 찢어졌어

사람과 사람들이 손바닥 뒤집으며
사람 체험 놀이해요 옥탑방을 천국처럼
그사이, 고독사 자막이 떠밀려 지나갔어

죽을힘 다해 울어도 온통 방음벽이야
뒤집어 씌우기는 그네들의 주특기
바람이 사망진단서 툭, 던지고 지나갔어

삼달리
— 김영갑 갤러리 두모악에서

섬 안에서 섬이 된 한 사람 연대기 앞
희미한 발자국을 말없이 따라 걷다
시간의 프레임 속에 갇힌
바람 소리 듣습니다

장독대 옆 동백 가지 눈시울 붉어진 새
한입 가득 말 문 채로 웅얼웅얼 날아가면
심장 속 당신을 꺼내
구름을 그립니다

그립단 그런 말은 참지 말았어야 해요
비바람 그 앞에서 휘청이면 또 어때요
치명의 저, 달빛 데려와
저물고 싶습니다

자장매

세상에, 세상에나 꽃사태 인사태네

영각 우측 처마 아래 호객꾼 자처했나

슬며시
윙크 날렸을 뿐인데
사람 반 꽃 반이네

미혹이란 이름씨는 이럴 때 쓰는 거다

함부로 웃지 마라 수만 번 더 일렀거늘

터지네
자꾸 터지네
수천수만 저, 웃음보

뜨개질하는 여자

맞은편 유리창 속 나 같은 여자 하나
구겨진 종이 가방 무릎 사이 세워놓고
안뜨기 바깥뜨기로
남은 오후 짜 늘이네

실마리 움켜잡고 내달리는 두 개의 손
바늘 끝 시선까지 한 코씩 엮어내면
상상을 더하지 않아도
이미 따뜻한 겨울

살다 보면 가끔씩 그럴 때 있기도 해
덜컹 덜컥 흔들리다 저절로 아귀 맞는

사무룩 졸다 깨보니
한 뼘이나 자란 오후

민달팽이

그늘을 넓혀가는 봄날 오후 숲길에서
펜스에 매달려서 간신히 내디디며
맨발로 생을 건너는
달팽이를 보았다

칠엽수 꽃등 켜서 오후를 밝히지만
한 발짝 디딘 만큼 절망은 더 깊어져
이승과 저승의 경계가
선명해져 서러운

업고 안고 물고 빨던 그때가 봄이었지
먼 훗날 언젠가처럼 그런 고상한 말들
이제야 다 저물녘에
헛바퀴만 돌린 듯해

제2부

앙간비금도

빈손으로 서 있는 나무를 그렸어요
둥지를 두고 가는 새 떼도 그렸고요
먼 기억 더듬다 보면
심장부터 저려와요

노을 속 그 발자국 살며시 되밟으면
나는 또 내가 되어 사무치고 사무쳐서
한 자락 추억을 펼쳐
모정茅亭도 그립니다

눈물이 흘림체로 흩날려서 눈 못 떠도
꿈속의 한때를 꺼내 먼 산도 그렸어요
불문율, 그게 뭐라고
가을볕의 생生일진데

봄동의 내력

폭설에 서릿발에 된바람 고추바람
숨겨둔 긴 발톱을 차례로 꺼내는데
사는 게 그런 거지 뭐,
눈물 꿀꺽 삼키지요

쓸데없이 자랐다고 쓸모없다 하지 마요
속없다 말하지만 속없는 게 아니에요
비주류, 설움 속에서도
달큼해진 생의 행간

무당거미

배롱나무 가지 사이 굿당 하나 차려졌다

바싹하게 말려진 잠자리 모기 나방
더럽게 재수 없는 놈,
저들끼리 손가락질

고깔을 쓴 바람이 방울을 흔들었다

순식간에 굿 한판이 태풍처럼 지나간 후
낮달이 예인줄에 걸려
마른 잎과 흔들릴 뿐

좌판 삶이 벼랑이라던 여자의 엷은 미소
숨죽여 나부끼면 서미줄보다 더 질길까

무심결 내뱉은 독백
바람이 비껴갔다

개미

맥 빠진 기도까지 들어주는 신이 있어
오늘은 살 만하다 생각한 하루였다

폭우를
동반한 바람
올라오기 전날이다

몬순의 등 뒤에는 우기가 꼭 업혀서
세상의 모든 슬픔 쏟아놓고 달아난다

다행히
기도가 먹혔다
작아진 태풍의 눈

눈치로 먹고사는 여의도 희한한 섬
무거운 활 어깨에 맨 개미들 모여들어

휘어진 활시위 놓으며

토해내는

읍泣 읍泣 읍泣

매화가 있는 풍경

늘어진 몇 가닥은 길 아닌 길이어서
한 발짝 디딜 때마다 허공마저 출렁이는
살바람 손끝 에이는
이십사 층 발코니 앞

가끔은 매듭 풀어 낮달에 걸어두고
숨겨둔 날개 꺼내 날고도 싶었으리
아직 먼 나머지 생애
벼랑 위에 올려놓고

아찔하게 피었다 지는 게 생이라고
화단의 백매화가 속마음 쏘아 올리는
풍경을 따라 읽는다
하염없이, 물끄러미

오감 쾅쾅 죽도시장

동빈 다리 건너와 어판장에 걸린 아침
서귀포를 떠나온 은갈치와 반싹이면
해풍은 입김을 풀어 아가미를 녹인다

몇 차례나 관통했던 천둥 번개 떠오르면
사내의 두 귓불은 갈수록 더 발개져
단칼에 원근해를 잘라 봉지 속에 가둔다

하루를 마무리한 사내의 등줄기엔
국밥집 귀퉁이의 나팔꽃이 또 업혀서
비릿한 숨 다독이며 어스름을 걷는다

청화백자초화문병

영원으로 가는 길이 이 길밖에 없다면
이 악물고 견딜게요 천삼백 도 불지옥을

기꺼이, 그 속에 갇혀
불멸로나 살게요

어떤 말 어떤 문장으로 영원할 수 없다면
쏟아지는 노을의 안쪽을 걸을게요

차라리, 나를 순장하세요
불꽃 당신 그 옆에

시리디시린 청초 빗금 하나 없는 봉인
내뱉은 한숨으로 풀꽃 수 놓으면서

뜨거운 목청 가다듬어
맑은 노래 부를게요

그래도, 봄날을 간다

유리잔에 매달린 기포의 최후처럼
톡톡 튀던 젊은 날 유효기간 다 낡아서
올 나간 해진 문장을
꿰매보는 춘분날

꽃샘에 피멍이 든 목련의 첫봄처럼
살다가 살아가다 멈추고 싶을 때
어느 날 딸꾹질처럼
불쑥, 오래 간간이

꾸역꾸역 밀어 넣은 밥그릇 숫자만큼
현관문 손잡이에 더께 앉은 지문 같은
부사副詞의 손목을 잡고
절뚝이는 어머니

버드 세이버

목숨은 공평해서 누구나 똑같은 걸
눈 가리고 아웅 하는 인간들은 왜 모를까
투명의 탈 뒤집어쓴
저승사자 유리벽

채 마르지 못한 눈자위를 보았나요
얼비친 저녁노을 슬퍼서 애틋해서
내일은 알 수 없어요
불친절한 생처럼

절대로 못 본 척은 하지 말고 지나가요
새인 듯 새 아닌 듯 날지 못한 나이지만
방음벽 유리 무덤에서
당신을 지킬게요

슬도에서

너울의 말 필사하고 비린 문자 읽는 일이
깊고 높고 쓸쓸해서 유서를 쓰는 바다
동공 속 휘몰아치는
오래전 바람 소리

벼랑에 앉은 꽃아 파랑을 견딘 사람아
대책도 그 무엇도 없이 울먹이는 파도야
죽어서 다시 살아도
그대라는 장르여

해풍이 속엣말을 툭 뱉고 돌아서면
사방은 오지여서 다시 또 쓸쓸해져
저문 빛 저장하려니
눈시울만 뜨겁고

풍경, 한 채

동명항 낚시 집 앞 플라스틱 의자 위에
졸린 눈 비비고 나온 마알간 햇살 한 줌

그 옆엔
묵삭아 기우는
등 굽은 풍경 한 채

허물어진 빈 어깨를 비둘기에 내어주고
깃털을 만지면서 시간을 뜯어내면

윤이월
시린 햇살이
옷섶을 파고드는

목쉰 기억 해진 문장 접었다가 펼쳤다가
들리거나 안 들리거나 눈물 찔끔거리거나

봄 길목

파도 소리만
공허해서 사무친

백로

미닫이를 열었다 닫았다를 반복했다
예보와 종種이 다른 태풍이 지나갔다
비껴서 지나간 일이
고마운 날도 있다

큰물이 지나갔고 물봉선이 궁금했다
오래전 일기처럼 너는 자주 잊혔다
마지막 노래일 것 같아
귀를 연다 매미 소리

마주 댄 등 따뜻해서 등 돌리긴 또 싫어도
시나브로 머리 밑 뜨거운 땀 차오르면
겨울이 서둘러 오기를
기다리는 일이 잦다

겨울, 길상사

길상화 공덕비 옆 물 고인 돌확 위에
발 시린 산까치가 까치발로 낭설일 때
청보라 북서 계절풍이
두어 차례 지나갔다

길상헌 언덕바지 첫눈도 첫눈이지만
바르르 떨고 있는 투구꽃도 뜻밖이다
바람은 보폭을 줄여
느릿느릿 갈 길 멀고

간절하면 이뤄진다는 그 말이 딱 맞았다
진영각 돌담 아래 남바위 둘러쓰고
별자리 꽃잎에 담아
치성으로 비는 여자

망종 무렵

마음의 문을 열어 나비를 들입니다

빗장 건 꽃창포 옆 남보라 석잠풀 위
흰나비 호랑점박이나비
가벼이 쉬고 가는

소금쟁이 파문에 기운 해 흔들립니다

오래된 담벼락에 소문처럼 번지는
초하의 저녁 무렵이
소리 없이 깔리는

산그림자 놀다 떠난 텅 빈 연못 같습니다

무논의 개구리 울음 밤을 밀어 깊어지면
적요한 가슴 한구석
일렁이는 옛사랑

제3부

11월

지상의 한살이들 왔던 길로 돌아가고
입동 무렵 살구나무 저 홀로 불이 드는
익숙한 그 풍경 따라
눈시울 젖습니다

함지산 코숭이에 말간 낮달 내걸리면
시큼한 회초리 맛 다시 한번 그리워져
입치레 버겁던 시절
슬몃 꺼내 봅니다

살굿빛 그 절정을 하나씩 떨굽니다
시절 인연 지워가며 아린 마음 다독이는
이별의 무렵 무렵이
서러워 아름다운

빗방울

은하 별 다문다문
차창에 뛰어내려
아래로 사선으로 종종걸음 치다가

기어이
두 손 맞잡은
상큼 발랄 저, 왈츠

어디서든 반짝이면
빛이 될 줄 알았는데
머잖아 사라지고 말 눈물겨운 저, 고집

이보다
더 아름다운
춤사위가 있을까

햇빛이 다시 돌아올 때까지

발코니 테이블 앞 동그마니 말고 앉아
말없이 사라져 버린 햇빛을 찾습니다

벤저민, 뱅갈고무나무
고개만 젓습니다

바람이 불어 넘긴 페이지에 닿기도 전
사람이 위험하단 불안한 안전 문자

친절도 병인 양하며
옆구리를 찌릅니다

마주 앉아 말도 없이 밥 먹으란 상그란 말
못 들은 척 흘려도 툭하면 사레 늘어

가끔은 날이 선 땡볕,
그립기도 하답니다

속수무책
—고 박서영 시인을 추모하며

꽃샘 눈 흩날리는 사월 첫째 토요일
내 맘 같던 그 마음 만나러 갑니다

죽음도
접수되어야만
안내되는 그곳으로

칸칸이 봄 실은 기차 산허리 돌아가고
새잎 사이 분홍 눈물 간간이 떨어지면

밤마다
물감통 들고
색칠한 줄 알게요

오래된 벚나무는 이미 소등 중이었고
봉안당 앞 자목련만 흐드러져 있더이다

또 하나

고마운 인연
속수무책 놓치고

겨울 강가에서

그리고, 겨울이 와서 강가에 다시 서면

울음이 모여 앉아 물무늬를 그리네

사람아, 저 횡설수설의 말들을 멈춰다오

입춘

뜻밖의 폭설이 어제의 일이라면

고양이 등줄기로 내일의 봄이 온다

꽃눈이 눈 뒤집어쓴 시린 이마 짚는 오늘

그리움도 시가 되는가

오랜만에 엎드려 낡은 시집 펼쳐놓고
다초점 렌즈 속 리듬 조각 따라가면
생애의 구절구절이
행간마다 서성이고

울지도 못하고 돌아섰던 기억이라면
차라리 한 잔 술로 지워보면 어떨까
바쁜 척 지나치려는
추억 괜히 붙잡는다

등 돌려 앉은 세월도 익숙할 무렵인데
속절없는 그리움의 두레박 퍼 올리며
자정의 언저리 맴도는
하얀 낱말 줍는 밤

시월의 오후
―불로동 고분에서

두 눈을 감고 서서 바람 소리 들으면서
다시 한번 아득히 넌 그 나라 읽습니다
큰 봉분 사잇길에 핀 흰 꽃 사연 매만지며

번호표 단 무덤 위를 산까치 제집인 양
분주히 드나들며 손님을 맞습니다
낮달이 멀찌감치 누워 빙긋이 웃는 오후

잠깐만 기다려요 한 번만 돌아봐요
산에 들에 강물 위에 나란히 놀 번지면
마음껏 흔들릴래요 갈바람 핑계 대며

자갈마당

제 뜻대로 태어난 인생은 없다더만
주홍 글씨 새기고 태어날 줄 뉘 알았나

도원동
여린 흩꽃들
외줄을 밟고 섰네

생성과 소멸은 모두 다 뜻밖의 일
꽃 피고 지고 나면 새봄이야 오겠지만

홍등가
야에가키초는
한 줄 역사 되겠네

언젠가 불 꺼지면 잊어요 잊어버려요
숨죽인 그 사랑은 낮달로나 뜰 거지만

햇볕도

머물지 않는
곰팡내 쌓인 골목

신 고려장

요양원
3주 만에
걷는 법 다 잊었다

폴더폰처럼 접힌 채
휠체어에 갇혀서

지난 생
되짚어보면
초기화된
빈
칸
뿐

섬

갈수록 길은 멀어 개비한 다리 하나
꼿꼿이 등을 펴도 기우뚱 흔들리는

조각달,
쪼그려 앉아
손 모으는 이승 잠

도망가는 시간을 누구라서 말릴까
명아주 지팡이에 익숙한 척 기대선

어머니,
수평선 너머
노을빛에 물드는

흰 노루귀

갓 태어난 햇살이 무릎 꿇고 눈 맞추면
먼 길 떠나 오지 않는 내 할머니 숨소리
가만히 귀 기울이면
아이고 내 똥강아지

가끔은 몸을 낮춰 바닥을 살피거라
어쩌다 한 번씩은 옆도 뒤도 보아라
양지 녘, 웅크리고 앉아
한 말씀 던지시는

실매실 고란골을 밤마다 드나들면
못 이긴 척 한 번쯤은 꿈길에 와 주실까
옥양목 치마저고리
은비녀 쪽 지고서

부탁

서랍장 맨 아래 칸 엎드렸던 스무 살을
떨리는 두 손으로 한겹 한겹 펼치시면
빛바랜 세월 이편에 날개 하나 돋을까

연분홍 옥사 원단 섶섶마다 손바느질
이승의 마지막 날 입혀달란 그 말씀은
비로소 가야 할 곳이 생겼다는 확신일까

젖어 든 눈동자에 한 생이 지나가고
울컥이는 회억들을 꿀꺽 삼켜버리면
오란비* 쏟아지겠다 바람 이는 마음 복판

---

*오란비: 장마.

순천만

반짝이는 것들은 왜 눈이 부실까

하루를 접은 해가 갈대숲에 몸을 풀면

붉어진 뻘의 살결이 동공 속에 어른거려

무릎 꿇고 싶을 만큼 간절한 저녁 무렵

시간의 발걸음을 목 놓아 붙잡으며

저절로 두 손 모은다 저, 비상飛翔 앞에서는

그저, 아득한

댓돌 위 앉은 햇살 똬리 튼 능구렁이
툭, 문고리 소리에 화들짝 달아나던
기억 속 먼 풍경 꺼내면 아찔하고 아득해

갓 올린 이엉 아래 솔내 나는 서까래
진흙에다 침을 발라 매단 둥지 그 안엔
살뜰히 서로를 비비던 제비 가족 있었지

아랫목 다 타도록 그리움 불 지피면
매운 연기 살창으로 제집인 양 드나든다
보리쌀 퍼지는 냄새 쪽문으로 새어드는

먼 길 지친 밤별들 초가 위로 흘러들어
하나둘 자리 잡고 이슥토록 쉬어가던
돌아선 애틋한 풍경 되돌릴 순 없을까

눈 이후 비

오전이 좋을까요
오후가 나을까요

사람이 되기까진 쉬운 일이 아니에요
무심코 창밖을 보다 갈등 하나 생겼어요

나는 사람이라 했고
너는 새라고 하네요

새가 되는 찰나는 의지와 상관없어요
조금만 기다려주지 욕심이 자라나요

눈코입의 순간이
있었다는 사실과

행복한 속수무책 설렘 두고 떠납니다
겨울의 한 부분이던 내가 사라집니다

제4부

망연자실

늦장마 큰물 앞에 백로 목 길어지고

눈치 없는 독버섯 시간차로 번지는데

그 많던 다짐 다짐들 징검돌에 부서지네

물 쓰듯 혈세 풀어 터진 둑 막아봐도

후회도 그 무엇도 모두 다 속수무책

죽어라 뛰고 날아도 답이 없다, 청년몰

만휴정에서

낮달 그림자 밟으며 만휴정 오르는 길
시월도 절벽인데 활활 타는 붉나무 잎
묵계로 뛰어들고 만 붉은 범람 나는 몰라

누마루 사이사이 스며 있는 청렴결백
곡간수谷澗水로 흘러내려 호담壺潭을 이루는데
보백당 번쩍 들이다 여의도에 놓고 싶다

어디서 들었던가 합시다 러브*란 말
흘러내리는 감정선 눈치챌 리 있겠냐만
해 설핏 기울어지면 눈물 왈칵 쏟아져

---

*드라마 〈미스터 션샤인〉의 대사 중에서.

모닝커피를 마시며

비둘기 이슬 털어 양지 녘에 깃을 널면

오늘의 새 아침이 은빛으로 배달된다

돋보기 너머 세상이 괜스레 부예지고

은목서 금목서가 부지런을 떠는갑다

열어둔 창문으로 기어이 쳐들어와

저 먼 곳 선암사 향기 불쑥 꺼내 놓는다

흔들지 마라 해도 눈앞에 얼쩡거려

저절로 흔들린다 커피잔에 남은 입술

곁에 온 너를 마시면 한 시절 또 휘겠다

감은사지에서

발효된 시간들이 대숲을 빠져나와
천 년 전 목소리로 옥개석을 드나들면
신화는 진행형으로 말을 걸어옵니다

소나무 정수리를 건너온 흰 구름이
찰주를 흘러내려 돌꽃 위에 앉으면
까마귀 사라진 허공을 위로라 읽습니다

하루의 그림자를 지워가는 저물녘이
노을빛 금당 아래 소리 없이 젖어 들면
설화의 마지막 페이지 바람에 맡깁니다

숨 가쁜 개여뀌꽃 마지막 등불을 켜면
오래된 염원들이 살며시 눈을 떠서
따뜻한 발자국 새겨 딛는 신라의 밤입니다

고니를 찾아서

북서풍 등에 지고 들까치 목청 따라
걷다가 마주치며 물음표 그려보는
마른 꽃 속살 만져지는 바람뿐인 강가에서

때로는 비스듬히 때때로 멈추는 듯
옆으로 기울다가 아래로 흐르다가
아무도 말해주지 않아도
겨울 강은 흐른다

지난해 그 자리에 행여나 닿았을까
설레는 눈동자를 갈대는 읽었는지
자꾸만 머리 내저어
마음만 어지럽고

하마나 설레었던 마음이 출렁일 때
금호강 한복판에 ㄴ자로 둥둥 떠서
하얗게 물길을 열어 한 시절을 건너는

배풍등

바람도 흰 구름도 서로에게 기댄 오후
오래된 골목에서 우연인 듯 마주치면
어디서 휘파람 소리
붉디붉어 더 슬픈

맥문동 꽃이 피었습니다

혹서기 생지옥이 비바체로 번져가면

뜨거운 하늘 향한 곤추선 저, 그리움

참았던 보랏빛 만등 제 몸에 층층 건다

모전석탑을 읽다

뭉툭 닳은 대비 끝에 매달린 십일월이

허물어진 세월 따라 뒹구는 마음 같아

분황사 다녀온 저녁은 홀로 더 깊어진다

입추

늦장마 다녀간 뒤
모처럼 말간 햇살

꽃잎 위 부전나비
젖은 날개 말리는데

바람이 날개뼈 사이로
잠든 맥을 짚는다

우보역에서

깜빡하고 놓친 후 되돌아와 다시 서서
청량리역 향하던 열다섯을 꺼내 들면
찐 계란 애플사이다 가물가물 올라오네

역사驛舍 앞 산수유 가지 발갛게 불 밝히면
수묵水黙으로 흐려진 긴 세월 되감아서
꽃 시절 필사해 보는 미세먼지 나쁨, 오후

빠름 빠름 빠름 더 빠름이 대세라서
지역이기주의는 KTX 역 늘여가고
간이역 시비詩碑 오도카니 시인을 기다리는

입동 무렵

담벼락에 기대선 한 뼘 햇살 그리워
세월의 옷고름 꺼내 만지작거리는데
강물 속 산그림자는 짙은 화장 덜 지우고

이름표 새로 새긴 하현달 풍경 뒤로
졸린 눈 비벼가며 식구들 챙기는 별
좌판 위 나란히 앉은 홍시 같아 보여서

살다가 한 번쯤은 눈이 멀기도 하고
살아내다 때로는 마음 멀어지기도 하지
입동 비 불쑥 내리면 바람마저 쓸쓸한

휴애리, 동백

믿기지 않았지만
믿고 싶을 때가 있다

동시다발 개화가 유행가처럼 번져도

너만은 기다릴 줄 알았다
바보같이 그날도

올해도 작년처럼
협상은 물 건넜다

바람이 끼어들어 조정을 해보지만

맘대로 지맘대로다
저, 빠알간 최후진술

묵호

해종일 따라오던 구름이 사라지고
잠시의 침묵 뒤엔 취기 오른 저녁 항구
세상이 공평해지는
창가에 발을 푼다

도다리 호래기가 차례로 끌려 나와
바닷속 비밀의 말 한 음절도 못 내뱉고
잘리고 저며진 생이
조각조각 떨어진다

목구멍 통과 못 한 비명을 잔에 채워
물컹거리는 바다와 짧은 애도를 삼키면
열사흘 달빛마저도
눈시울 젖어 드는

안개꽃

간절해서 더 맑은 기쁨의 눈물 모아
손가락 끝 남겨진 약속들 그러모아
밤새워 흐린 눈으로
꽃 일기 적습니다

어울려야 한다는 무언의 그 압박이
바람의 무늬 따라 일렁이는 아침에
배경이 되어줍니다
프리지어 곁에서

메이팅 콜

반짝이던 한낮의 수식어들 잠이 들면
시린 달빛 소리 없이 창밖을 서성이네
창문은 닫지 말아요, 어른대는 먼 그림자

다가와서 만져볼래 쫄깃해진 내 심장을
젖어버린 발바닥을 살며시 만져볼래
취객의 불안한 소리 흔들리며 번지는 밤

굵어진 달의 허리 한입 베어 삼키면
잃어버린 사랑의 목소리를 찾을 거야
오늘 밤 잠 못 든 나랑 놀아볼까 알로 러빙

꽃양귀비

잘못 든 갈림길도 길이라 돌아 나와
낯선 길 위에서 마주치면 또 반가워

둥둥둥 붉은 입술을
허공에 매달았네

올려다 보는 일이 언제나 뻐근해도
폭염경보 건너는 풀꽃만큼 아플까

단단히 발그레지며
반쯤 열린 저 입술

제5부

심장을 두고 왔다

오래전 접어둔 마음 꺼내 펼치면
바다의 눈시울도 노을이 된다는 거

그때쯤 알았습니다
다, 저물 그 무렵에

그리하여 한때 그 모퉁이 흘러들어
어둠으로 고이고 싶었던 적 있었지요

기어이 무릎에 앉아
어둠 쫓는 저, 달빛

한입 가득 웅얼웅얼 흰 말 뱉고 돌아서서
미련 따윈 하나도 없다는 듯 달려가는

서러워 눈물 납작해진
애월 그, 바닷가에

칠월

성냥불 그어대듯 칼날을 겨눈 태양

내놓을 것 하나 없는 혹서기에 부는 바람

매미가 벗어놓고 간
허물마저 뜨거운

장대비 아니라면 여우비로 오시든지

상사화 무더기로 붉은 말 토해내면

못 본 듯 지나가세요
아주 오래 잊은 듯

조문국을 그리다

함박눈 오신다고 연필로 쓴 편지 한 장
당신의 그 나라에 실며시 전하려고
국경을 넘어봅니다
살풋 잠든 오후에

가끔은 구름처럼 때로는 바람처럼
흐르고 싶었다던 오래전 그 목소리
포박된 그리움 하나
옴짝달싹 못하고

들리나요 들리나요 그 먼 곳도 들리시나요
떨리는 목소리로 불러보는 나의 노래
한 호흡 한 호흡 다해
횡경막 연 소리기

봄밤

미세먼지 좋음의
아직도 이른 봄밤

나를 에워싼
너에게 마음을 허락하노니

저 푸른 어둠 속으로
사라져도 괜찮겠다

밤의 안색 짙을수록
별의 탄생 빨라지고

하늘 열차
아득하게 종점으로 달아나면

이소라 믹스 보이스
왜 이다지 서러운지

춘분날 폭설처럼
아니, 이 어둠저럼

물밀듯이
그렇게 당신이 왔으면 좋겠다

왜바람 뚫고 달려와
꽃등 밝힌 목련처럼

상강 무렵

병꽃나무 지나는
부전나비 보았다

사철나무 의심했던 쥐똥나무 있었다

괜스레
흘러간다고
말해보고 싶었다

금낭화

화살로 꽂힌 눈총 버스에 남겨두고
이고 진 푸성귀 보따리 난전에다 펼치면
볼 빨간 사춘기 하나 전봇대 뒤로 숨었지

끙끙끙 앓는 소리 귓바퀴에 감겨오면
아무 말도 못 하고 눈물 찔끔거리는데
고쟁이 매달아 놓은 주머니 뒤집으신다

누가 뭐라 카드나 내사 좋기만 하네
할머니 옛 목소리 이명으로 돌고 돌아
당신을 따르겠습니다* 누구에게 말할까

---

*금낭화의 꽃말.

11월 11일

무선을 타고 닿은 떨리는 목소리에
철퍼덕 주저앉아 가슴 쓸어내리면
간밤의 천둥 번개처럼
울먹이는 부고 하나

갓 피어난 스물다섯 꽃인데 꽃잎인데
죽을 만큼 매달리자 다짐으로 걸어놓은
가지 끝 붉은 잎사귀
유작으로 남겨두고

막 시작한 자서전 목차는 어찌하고
아무도 모르게 이승의 손 놓았을까
만월 옆 새별 하나 뜨면
너인 줄, 또 너인 줄

아네모네

기약 없는 이별이란 말 믿지 않기로 했네

재촉하지 않아도 내 앞에 선 아네모네

약속도
기대도 없이
마주친 날 있었네

속절없는 사랑*도 지성이면 닿는 법

오래된 유행가에서 한 토막쯤 들었던 말

직지사
약사전 근방
오체투지 저 분홍

---

*아네모네 꽃말.

겨울밤

무릎 앞 시집 속의 행간을 서성이다
고요가 깊어져 이명으로 연결되면
백릿길 한걸음 달려
삽짝문을 엽니다

긴 밤을 죽이기엔 화투가 제격이죠
할매캉 둘이 앉아 토닥토닥 토다닥
삐거덕 삽짝문 소리
화투판 엎어지고

아버지 헛기침이 안방으로 사라지면
무 하나 꺼내 들다 상현달과 눈 마주친
그 밤이 다시 올까요
영영 떠난 바람인데

추암에서

잘난 척 하지 마라
그립다 우지 마라

달빛이 좋다느니
별빛이 좋다느니

그런 말 뱉지를 마라
하얀 포말 앞에서는

별빛이 왜 거기에
달빛이 거기에 왜

물음표 커질수록
파랑만 달려드는

꿈 하나 몰래 걸쳐놓은
촛대바위 앞에서는

토마토 먹는 저녁

생기다 말았는지 무언가 자꾸 걸려

가운데 열십자 긋고 끓는 물에 데쳐낸 후

한 꺼풀 벗겨낸 너를 말캉말캉 삼키면

봄비처럼 밤비처럼 고요히 또 닿을까

입안에 돋은 싹은 토마토가 될 것이고

강물 속 저녁놀같이 붉어지는 눈자위

그제처럼 어제처럼 오늘 또 기다리면

덜 여문 별빛으로 창가에서 반짝일까

빨갛게 익어가겠지 엉머구리 우는 밤

흑백사진

한차례 소낙비 뒤 새 폴더에 저장시킨
다정한 그 말들을 고요의 행간 위에
나직이 불러냅니다
속울음 삼키면서

불가능을 가능으로 꿈꾸기에 딱 알맞은
자정의 문지방을 무심히 넘습니다
액정 속 갤러리에서
환하게 웃으시는

모처럼 근심 없이 머루알 영그는 밤
오래전 그 생각들 앞질러도 괜찮은 밤
속눈썹 사이사이로
떴다 지는 아버지

그런 거다

애달픈 비밀 하나 진흙 속에 묻어놓고
허공을 더듬어서 순수를 빚어내면
속삭임 들려올 거다 귀를 열지 않아도

내가 너를 네가 나를 알아듣지 못해도
네가 나를 내가 너를 보듬어 주는 거
사랑은 그런 것이다 궁남지 연꽃처럼

포석정

잠시만 계시다가 에밀레종 슬피 울면
포석정지 유상곡수 술잔을 받으셔요
와류에 갇힌다 해도 부디 원망 마시고

눈물인지 빗물인지 석등을 푹 적셔도
슬프다 생각 말고 눈도 감지 말아요
세상에 사랑은 하나 귀하고도 귀한 말

불현듯 다가서는 쓸쓸함을 읽습니다
물굽이 돌고 돌아 그 술잔 앞에 오면
목마른 그리움이라 숨 멈추고 마실게요

산목련

뒤돌아 보지 마라
생각도 하지 마라

까맣게 잊으라는
그 말조차 잊으려고

앙다문 입술 사이를
빠져나온 함박웃음

해설

다시 태어난 문장들

이송희(시인)

1.

우리는 늘 길 위에 서 있다. 여기서 길은 단순히 어떤 도달을 위한 물리적 수단이 아니라 삶의 방향과 존재 의미를 묻는 은유적 공간으로 기능한다. 우리에게 '길'은 선택과 책임이 따르는 상징이며, 때로는 보이지 않는 두려움이자 자유의 가능성이다. 동양에서는 도道라 불리며 우주의 근본 원리로 이해되었고, 서양 실존주의에서는 주체적 삶의 궤적으로 사유하였다. 결국 길은 외부에 놓인 것이 아니라, 자신이 만들어 가며 살아내는 과정 그 자체로서 내부에 있다. 그렇기에 길은 늘 질문을 던지면서, 우리로 하여금 자신이 가고 있는 방향을 찾으며 그 길 위에 있는 이유를 묻게 한다. 하이데거에 따르면, 인간 존재는 그 자체로 "길 위에 있음Unterwegssein", 즉 끊임없는

'존재에의 여정' 속에 있다. 우리는 세계에 던져진 '현실존재 Dasein'로서, 언제나 어떤 방향성을 지닌 채 살아간다. 그 방향은 미리 정해진 것이 아니라, 우리의 물음과 선택, 그리고 해석 속에서 열린다. 하이데거는 "사유는 길이다"라고 말하며, 진리를 향한 인간의 근본적인 물음 자체가 하나의 길이라고 보았다. 그런 의미에서 길은 단지 걷는 것이 아니라, 존재를 묻고 살아가는 방식이다. 우리는 그 여정 속에서 자신을 만나고, 세계와 관계 맺으며 살아간다.

박숙경 시인은 첫 시조집 『심장을 두고 왔다』에서 끊임없이 넘어지고 깨지고 찢긴 길 위의 삶들과 그 길 위를 정처 없이 떠도는 이들의 삶을 그려낸다. 길에 대한 막연한 희망과 기대로 시작된 사유는 슬픔과 고통, 그리움 등의 정서를 동반하면서 어느 순간 자신을 길 밖으로 내모는 주체가 되었다가 어느 순간 그런 상처마저도 감내해야 하는 은유의 공간으로서 길을 품는다. 박숙경 시인은 방향감각을 잃어버린 길 위의 주체들에 주목한다. 그들은 누구를 위해 무엇을 갈망하는 것일까? 먼저, 박숙경 시인의 말을 읽어보기로 하자. "저 길 끝에/ 누군가 있을 것만 같아//푸른 바람과 푸른 사람과/푸른빛을 헤치고 걸어갑니다.//거기,/있어요?"(「시인의 말」). 박숙경 시인의 말은 이 시집으로 들어가는 하나의 이정표가 되어준다. 시적 주체는 길 끝에 누군가, 자신이 기다리는 존재가 있을 것 같은 예감에 막연한 희망을 품는다. 길 끝에 있을지 모를 존재를 향해 푸른 감정들을 헤치고 나아가지만, 그 길 끝에 희망은 선명하게 드러나지 않는다. 오로지 대답 없는 존재에 대한 간절한 희망을 품어 볼 뿐이다. 분명한 것은 희망을 품은 주체는 이미 그것이 붙들 수 없는 곳으로 가고 없다는 것을 안다는 점이다.

> 세상이라는 곳 어디 바람만 있겠이요
> 세상이라는 곳 어디 눈보라만 있겠어요
>
> 눈 덮인 황량한 길
> 나부끼는 사람아
>
> 누구는 그림처럼 살다 갔다고 하죠
> 누구는 부평초처럼 떠돌았다고 하쇼
>
> 오래전 허공에 그린 생을
> 몰래 꺼내 읽습니다
>
> 아무도 몰라줘도 알아주지 않아도
> 뚜벅뚜벅 걸어간 움푹 패인 발자국
>
> 요약된 파란만장의 삶
> 행간을 더듬는 밤
> ―「풍설야귀인―최북崔北을 생각하며」 전문

'풍설야귀인風雪夜歸人'은 제목 자체가 '눈보라 치는 밤길에 집으로 돌아간다'는 뜻이다. 시적 주체는 "눈 덮인 황량한 길"에 정처 없이 나부끼다 생을 마감한 최북崔北의 "요약된 파란만장의 삶"을 생각하며 "행간을 더듬는"다. 당나라 때 유장경劉長卿의 한시漢詩 「봉설숙부용산逢雪宿芙蓉山」을 보고 그렸다는 '풍설야귀인도風雪夜歸人圖'에는 "그림처럼 살"았고, "부평초처럼 떠돌았다"는 최북의 삶이 그림 속 풍경처럼 고스란히 담겨 있다. 눈구덩이 속에서 동사凍死한 것으로 추정되는 그의 마지막은 고단하고 외로웠던 삶을 집약하는 듯하다. 빈센트 반 고흐가 자신의 귀를 잘랐듯이, 최북은 자신의 손으로 한쪽 눈을 찔렀는데, 그것은 당시 세도가가 자신의 붓 솜씨를 트집 잡자 분에 못 이겨 취한 행동이라 한다. 그 후 그는 열흘을 굶다가 그림 한 점을 팔아 술을 마시고 겨울밤 눈길을 걷다 구덩이에 빠져 얼어 죽었다.

그는 이 그림 하나로 기이한 행동과 괴팍한 성질을 가진 자신의 삶을 압축해서 보여준다. "세상이라는 곳 어디 바람만 있겠어요/세상이라는 곳 어디 눈보라만 있겠어요"의 반복은 의미의 강조와 정서를 심화시키는 전략적 기능을 한다. 세상에는 고통만 있는 것이 아니며, 희망과 따뜻함도 공존한다는 위로와 확신을 전달하려는 시인의 의도로 보인다. 이러한 구조의 반복은 "누구는 그림처럼 살다 갔다고 하죠/누구는 부평초처럼 떠돌았다고 하죠"에서도 이어지는데, 그의 삶을 읽어내는 양극단의 상황을 대비하여 보여주는 부분으로, 반복을 통

한 인생의 무상함과 포용의 의미를 동반한다. 그러나 결국 그림 같은 삶도 부평초 같은 삶도 이미 한세상을 살다 간 존재라는 점에서 거역할 수 없는 숙명을 예감하게 된다.

> 빈손으로 서 있는 나무를 그렸어요
> 둥지를 두고 가는 새 떼도 그렸고요
> 먼 기억 더듬다 보면
> 심장부터 저려와요
>
> 노을 속 그 발자국 살며시 되밟으면
> 나는 또 내가 되어 사무치고 사무쳐서
> 한 자락 추억을 펼쳐
> 모정茅亭도 그립니다
>
> 눈물이 흘림체로 흩날려서 눈 못 떠도
> 꿈속의 한때를 꺼내 먼 산도 그렸어요
> 불문율, 그게 뭐라고
> 가을볕의 생生일진데
>
> ―「앙간비금도」 전문

과거 사대부들에게는 그림을 그릴 때 여자아이는 절대로 그리지 않는다는 불문율이 있었다고 한다. 그런데 허난설헌許蘭雪軒은 '앙간비금도仰看飛禽圖'를 통해 보란 듯이 이 불문율을 깨고 '어린 자신의 모습'을 그림에 그려 넣었다. 이 그림 속 아버지의 손을 잡고 주황색 옷을 입은 아이가 '허난설헌'이다. 허난설헌은 어린 나이에 천재적 재능을 인정받았지만, 짧은 생애 동안 가족과 자녀의 죽음, 여성으로서의 제약, 사회적 편견 등으로 고통을 겪었다. 이 그림은 허난설헌의 어린 시절이 담겨 있는데, 그림에 담겨 있는 것처럼 슬픔을 표현하지 못한 채 억눌려 살아야 했던 허난설헌의 '허무'와 '자유에 대한 갈망'이 녹아들어 있다. 열다섯에 안동김씨 가문으로 시집갔으나 남편과 사이가 좋지 않았고, 자녀들을 일찍 여의는 등 많은 개인적 고통을 겪은 그녀의 짧은 생의 자취를 짐작하게 한다. 허난설헌이 자신의 세 가지 한恨을 조선에서 태어난 점, 여성으로 태어난 점, 남편 김성립金誠立에게 시집온 것이라고 언급한 점에서도 당대를 살아내야 했던 고통의 깊이를 읽을 수 있다.

첫수에 등장하는 새는 경계 없이 하늘을 마음껏 날아다니는 존재인데, 허난설헌은 새를 그려 넣음으로써 여자아이를 그리면 안 된다는 금기나 경계를 허물고 싶었던 것 아닐까? 여기서 '둥지'는 단순히 새의 집이 아니라 허난설헌의 재능을 믿어주고 지지해 주었던 부모의 따뜻한 육친애肉親愛가 머무는 상징적 공간이 아니었을까? 제목에서도 드러나지만 이 그림은 '날아가는 새를 우러러 바라본다'는 뜻이 있다. 허난설헌이 아버지와 함께 날아가는 새를 우러러본 것은 자신을 키웠던 둥지를 떠난 새의 모습이 자기와 닮았다고 생각했기 때문일까? 아무리 되돌아가려 해도 갈 수가 없는 둥지에는 자기를 지지해

망은 선명하게 드러나지 않는다. 오로지 대답 없는 존재에 대한 간절한 희망을 품어 볼 뿐이다. 분명한 것은 희망을 품은 주체는 이미 그것이 붙들 수 없는 곳으로 가고 없다는 것을 안다는 점이다.

> 세상이라는 곳 어디 바람만 있겠어요
> 세상이라는 곳 어디 눈보라만 있겠어요
>
> 눈 덮인 황량한 길
> 나부끼는 사람아
>
> 누구는 그림처럼 살다 갔다고 하죠
> 누구는 부평초처럼 떠돌았다고 하죠
>
> 오래전 허공에 그린 생을
> 몰래 꺼내 읽습니다
>
> 아무도 몰라줘도 알아주지 않아도
> 뚜벅뚜벅 걸어간 움푹 패인 발자국
>
> 요약된 파란만장의 삶
> 행간을 더듬는 밤
> ―「풍설야귀인―최북崔北을 생각하며」 전문

'풍설야귀인風雪夜歸人'은 제목 자체가 '눈보라 치는 밤길에 집으로 돌아간다'는 뜻이다. 시적 주체는 "눈 덮인 황량한 길"에 정처 없이 나부끼다 생을 마감한 최북崔北의 "요약된 파란만장의 삶"을 생각하며 "행간을 더듬는"다. 당나라 때 유장경劉長卿의 한시漢詩 「봉설숙부용산逢雪宿芙蓉山」을 보고 그렸다는 '풍설야귀인도風雪夜歸人圖'에는 "그림처럼 살"았고, "부평초처럼 떠돌았다"는 최북의 삶이 그림 속 풍경처럼 고스란히 담겨 있다. 눈구덩이 속에서 동사凍死한 것으로 추정되는 그의 마지막은 고단하고 외로웠던 삶을 집약하는 듯하다. 빈센트 반 고흐가 자신의 귀를 잘랐듯이, 최북은 자신의 손으로 한쪽 눈을 찔렀는데, 그것은 당시 세도가가 자신의 붓 솜씨를 트집 잡자 분에 못 이겨 취한 행동이라 한다. 그 후 그는 열흘을 굶다가 그림 한 점을 팔아 술을 마시고 겨울밤 눈길을 걷다 구덩이에 빠져 얼어 죽었다.

   그는 이 그림 하나로 기이한 행동과 괴팍한 성질을 가진 자신의 삶을 압축해서 보여준다. "세상이라는 곳 어디 바람만 있겠어요/세상이라는 곳 어디 눈보라만 있겠어요"의 반복은 의미의 강조와 정서를 심화시키는 전략적 기능을 한다. 세상에는 고통만 있는 것이 아니며, 희망과 따뜻함도 공존한다는 위로와 확신을 전달하려는 시인의 의도로 보인다. 이러한 구조의 반복은 "누구는 그림처럼 살다 갔다고 하죠/누구는 부평초처럼 떠돌았다고 하죠"에서도 이어지는데, 그의 삶을 읽어내는 양극단의 상황을 대비하여 보여주는 부분으로, 반복을 통

한 인생의 무상함과 포용의 의미를 동반한다. 그러나 결국 그림 같은 삶도 부평초 같은 삶도 이미 한세상을 살다 간 존재라는 점에서 거역할 수 없는 숙명을 예감하게 된다.

> 빈손으로 서 있는 나무를 그렸어요
> 둥지를 두고 가는 새 떼도 그렸고요
> 먼 기억 더듬다 보면
> 심장부터 저려와요
>
> 노을 속 그 발자국 살며시 되밟으면
> 나는 또 내가 되어 사무치고 사무쳐서
> 한 자락 추억을 펼쳐
> 모정茅亭도 그립니다
>
> 눈물이 흘림체로 흩날려서 눈 못 떠도
> 꿈속의 한때를 꺼내 먼 산도 그렸어요
> 불문율, 그게 뭐라고
> 가을볕의 생生일진데
>
> ―「앙간비금도」 전문

과거 사대부들에게는 그림을 그릴 때 여자아이는 절대로 그리지 않는다는 불문율이 있었다고 한다. 그런데 허난설헌許蘭雪軒은 '앙간비금도仰看飛禽圖'를 통해 보란 듯이 이 불문율을 깨고 '어린 자신의 모습'을 그림에 그려 넣었다. 이 그림 속 아버지의 손을 잡고 주황색 옷을 입은 아이가 '허난설헌'이다. 허난설헌은 어린 나이에 천재적 재능을 인정받았지만, 짧은 생애 동안 가족과 자녀의 죽음, 여성으로서의 제약, 사회적 편견 등으로 고통을 겪었다. 이 그림은 허난설헌의 어린 시절이 담겨 있는데, 그림에 담겨 있는 것처럼 슬픔을 표현하지 못한 채 억눌려 살아야 했던 허난설헌의 '허무'와 '자유에 대한 갈망'이 녹아들어 있다. 열다섯에 안동김씨 가문으로 시집갔으나 남편과 사이가 좋지 않았고, 자녀들을 일찍 여의는 등 많은 개인적 고통을 겪은 그녀의 짧은 생의 자취를 짐작하게 한다. 허난설헌이 자신의 세 가지 한恨을 조선에서 태어난 점, 여성으로 태어난 점, 남편 김성립金誠立에게 시집온 것이라고 언급한 점에서도 당대를 살아내야 했던 고통의 깊이를 읽을 수 있다.

첫수에 등장하는 새는 경계 없이 하늘을 마음껏 날아다니는 존재인데, 허난설헌은 새를 그려 넣음으로써 여자아이를 그리면 안 된다는 금기나 경계를 허물고 싶었던 것 아닐까? 여기서 '둥지'는 단순히 새의 집이 아니라 허난설헌의 재능을 믿어주고 지지해 주었던 부모의 따뜻한 육친애肉親愛가 머무는 상징적 공간이 아니었을까? 제목에서도 드러나지만 이 그림은 '날아가는 새를 우러러 바라본다'는 뜻이 있다. 허난설헌이 아버지와 함께 날아가는 새를 우러러본 것은 자신을 키웠던 둥지를 떠난 새의 모습이 자기와 닮았다고 생각했기 때문일까? 아무리 되돌아가려 해도 갈 수가 없는 둥지에는 자기를 지지해 주었던 아버지도 오빠도 없다. "먼 기억 더듬다 보면/심장부터 저려"오는 이유다. 결국 생은 가을볕과 같은 한순간일 뿐인데, "불문율, 그게 뭐라고" 허난설헌의 삶은 이렇게 비참했던 것일까 돌아보는 길들이 젖어 있다.

2.

뭉툭해진 화살 끝 뾰족하게 다시 벼려
과녁의 한복판에 직선으로 꽂습니다

팽팽히
잡아당기면
터질 줄 알면서도

나 먼저 말하려다 혀를 또 깨뭅니다
깨문 자리 또 깨문 건 입조심하라는 뜻

무심히
뱉어낸 말이
되돌아와 박힙니다

심장이 뻐근해서 며칠 앓아눕지만

귀룽꽃 모퉁이에 사월은 다시 와서

하얗게
마른 자국 위에
빨간 꽃을 피웁니다

—「헛바늘」전문

  찌르는 듯한 고통을 동반한 '헛바늘'을 제목으로 한 이 시는 말조심하라는 경고가 핵심이다. "나 먼저 말하려다 혀를 또 깨뭅니다/깨문 자리 또 깨문 건 입조심하라는 뜻"은 세 치 혀가 사람의 목숨을 좌지우지한다는 진리를 명쾌하게 담아낸다. 잠언에는 "고자질은 맛난 음식과 같아서 뱃속 깊이 내려간다"(잠언26:22)는 구절이 나온다. 이는 남의 말 하기를 좋아하는 자의 말은 별식과 같아서 뱃속 깊은 데로 내려간다는 의미다. 자신이 했던 말은 어떻게든 삽시간에 퍼지므로, 책임질 수 없다면 말조심해야 한다는 뜻이다. 분명히 헛바늘이 돋아 말조심 경고를 보냈음에도 또 입조심하지 않고 말을 뱉다가 또 헛바늘이 돋는다. 헛바늘만 돋으면 다행이지만 "무심히/뱉어 낸 말이/되돌아와 박"힐 수 있음을 재차 경고한다. "미련한 자라도 입술을 닫으면 지혜로운 자로 여겨진다"(잠언17:28)는 말처럼, 말이 많으면 실수할 확률이 높다. 헛바늘은 조금만 스쳐도 아리고 쑤신다. 내가 하는 말이 누군가에겐 헛바늘처럼 강렬한 쓰라림으로 되돌아올 수 있다는 것을 각성시켜 주는 것이다. 말에는 지우개가 없다. 주체가 한번 뱉은 말은 결코 지워지지 않으므로, 책임질 수 없다면 침묵이 최선이라는 전언이 담겨 있다. 말에 관한 또 한 편의 시를 읽어보자.

> 똑 부러진 그 말 앞에
> 딱히 할 말 없을 때
>
> 슬며시 부정적일 때
> 아니요, 보다 밝은
>
> 한 박자 놓친 뒤에야
> 꺼내는 말 그래요,
>
> 세상에서 가장 쉬운 말이라서 어려운
>
> 싱겁고 미지근한
> 그 말 받아 되보낸 후
>
> 행여나 마음 다칠까
> 혼자 애타 기우는 밤
>
> ―「그래요」 전문

'그래요'는 상대방의 말에 대한 동의나 수긍, 이해나 공감을 표현하는 의미로 쓰이기도 한다. 상대의 말에 완벽하게 동의 혹은 수긍한 것은 아니더라도 '아니요'라고 말하면 상대의 마음이 다칠까 싶어 마지못해 '그래요'라고 말하는 경우도 있다. '그래요'는 상대의 마음을 배려하기 위해 내뱉는 최소한의 호응이라는 것이다. 좀 더 구체적으로 '그래요'가 필요한 상황을 이야기하면, 상대의 단호함에 대응하기 어려울 때, 정면으로 반박하진 않으면서 내심 동의하지 않는 미묘한 표현으로서, 타이밍을 놓친 동의나 어색한 수긍, 감정을 제대로 담기 어려운 말의 아이러니 등 다양한 상황에 활용될 수 있다. 결과적으로 '그래요'는 당신의 이야기를 잘 듣고 있다는, 그럴 수도 있겠다는 의미로서, 존중과 배려, 포용의 정서가 담겨 있다. 단순해 보이지만 이 시는 일상 대화 속 감정의 이면과 공감의 결핍을 절제된 언어로 풀어냈다는 점에서 말의 조심성과 함께 교술적 의미를 생각하게 한다.

3.

> 지상의 한살이들 왔던 길로 돌아가고
> 입동 무렵 살구나무 저 홀로 물이 드는
> 익숙한 그 풍경 따라
> 눈시울 젖습니다

함지산 코숭이에 말간 낮달 내걸리면

시큼한 회초리 맛 다시 한번 그리워져

입치레 버겁던 시절

슬몃 꺼내 봅니다

살굿빛 그 절정을 하나씩 떨굽니다

시절 인연 지워가며 아린 마음 다독이는

이별의 무렵 무렵이

서러워 아름다운

—「11월」전문

  11월은 입동立冬의 달로, 가을 추수가 다 끝나고 빈 들판에 찬 바람이 불면서 겨울이 시작되는 달이다. 그래서 이승이 아닌 저승의 시간이고, 광명光明의 시절이 아니라 흑암黑暗의 시절을 11월에 빗대어서 표현하기도 한다. 지상의 동식물들은 외부적 활동성이 줄어들면서, 잠들거나 묻히거나 감춰져 저장되는 달이다. 잠들고 사라지고 감춰지는 것으로 이별을 준비하는 시간이면서 동시에 휴식의 시간이기도 하다. 그래서 11월은 가을걷이를 모두 마무리하고 집으로 돌아와, 다음 해 봄을 맞이하기 전에 깊은 동면冬眠에 드는 달이다. 11월은 물질적인 풍요가 넘치기는 하지만, 소중한 인연과 헤어지는 달이기도 하다. "지상의 한살이들 왔던 길로 돌아가"는 것은 죽음이다. 눈시울이 젖는 이유는 결국 헤어질 수밖에 없기 때문이다. 주체는 생계가 힘들었지만 "시큼한 회초리 맛 다시 한번 그리워져/입치레 버겁던 시절"을 "슬몃 꺼내" 본다. 그리고 "이별의 무렵 무렵이/서러워 아름다운" 것은 이 슬픔이야말로 삶에 꼭 필요한 과정이기 때문임을 암시한다.

    오래전 접어둔 마음 꺼내 펼치면
    바다의 눈시울도 노을이 된다는 거

    그때쯤 알았습니다
    다, 저물 그 무렵에

    그리하여 한때 그 모퉁이 흘러들어
    어둠으로 고이고 싶었던 적 있었지요

    기어이 무릎에 앉아
    어둠 쫓는 저, 달빛

    한입 가득 웅얼웅얼 흰 말 뱉고 돌아서서
    미련 따윈 하나도 없다는 듯 달려가는

    서러워 눈물 납작해진
    애월 그, 바닷가에
                     —「심장을 두고 왔다」 전문

'심장을 두고 왔다'라는 제목은 주체의 감정이나 기억을 어딘가에 두고 왔다는 이미지로 읽히면서, 시 전체의 정서를 압축하는 상징으로 그리움의 무게를 단번에 느끼게 한다. 작품의 마지막 구절에 오면 주체의 마음이 아직 "애월 그, 바닷가"에 머물러 있음을 알 수 있다. 아마도 소중한 대상을 거기서 잃었거나 그와의 기억을 두고 왔다는 의미가 될 것이다. "오래전 접어둔 마음 꺼내 펼치면" 차가운 바다의 눈시울도 따뜻한 노을이 된다는 깨달음이 여기 있다. 그러나 주체는 모든 것이 끝나가는 저물 무렵에 그 의미와 감정을 이해하게 된다. 노을은 눈부시게 빛나지만, 얼마지 않아 어둠에 잠식당한다는 배경으로 주체는 "한때 그 모퉁이에 흘러들어/어둠으로 고이고 싶었던 적 있었"음을 고백한다.

 누구도 알아보지 못하게 상처나 슬픔에 자신을 숨기고 싶었음을 은유적으로 드러낸 것이다. 하지만 주체는 곧 "기어이 무릎에 앉아/어둠"이 달빛을 쫓는, 치유의 순간을 만난다. 달빛은 "한입 가득 응얼응얼 흰 말 뱉고 돌아서서/미련 따윈 하나도 없다는 듯 달려가"지만 이것은 미련을 감추기 위해 달아난 것으로 보인다. 눈물이 납작해진 것은 슬픔이 말라붙은 채 여전히 감정의 잔해가 남아 있다는 방증이다. 결국 시적 주체는 "애월 그, 바닷가"에 심장을 남겨두고 온 것이다. 시인은 애써 잊으려 하였으나 여전히 거기 두고 온 감정을 외면할 수 없어, 그 감정을 차분하게 받아들이는 주체의 모습을 서정적으로 형상화하고 있다. 주체는 그렇게 스스로 슬픔을 다스리는 방법을 알아간다.

4.

>뒤돌아 보지 마라
>생각도 하지 마라
>
>까맣게 잊으라는
>그 말조차 잊으려고
>
>앙다문 입술 사이를
>빠져나온 함박웃음
>
>　　　　　　　　―「산목련」 전문

    건강과 치유의 상징인 '산목련'은 함박꽃이라고도 한다. '산목련'은 봄의 시작을 알리며, 우리에게 세상을 살아가는 지혜를 전해준다. 이를테면, 우리의 일상을 형성하는 것은 사실이 아니라 상상의 산물이라는 것이다. 허구의 세상에 사는 사람은 오히려 정확하고, 문자 그대로 사고하는 사람이다. 상상력으로 보는 세상이 진짜 세상이다. 이것을 바꿔 말하면 자신의 태도가 자신이 사는 삶의 풍경을 결정짓는다는 말이 된다. 시적 주체는 뒤돌아보지도 생각하지도 말라며, 단호하게 과거를 끊어내려는 의지의 표현을 취한다. 우리는 모두가 동일하게 인식할 수 있는 객관적인 현실을 살아간다고 생각하지만, 실상은 오직 자신이 믿고 상상하는 주관적인 세계 속에서 살아가고 있을 따름이다. 잠언 23장 7절에 의하면, '사람은 마음속에서 생각하는 모습대로 된다'고 했다. 이 말은 인간의 믿음과 상상력이 곧 존재와 현실을 형성한다는 깊은 철학적 통찰을 담고 있다.

그런데 뒤돌아보면서 자꾸 집착하고 미련을 갖는다면 굳어져 버린 허구의 세상에 갇히게 된다. 이는 진짜 세상을 사는 것이 아니다. 바꿔 말하자면 주인은 자신이 살고자 하는 세상을 주도적으로 창조하며 살아가지만, 종은 허구의 세상에 끌려다니며 결국 남이 짜놓은 문명의 울타리 안에서 끝나고 만다. 자신의 상상력과 믿음으로 자신이 살아가는 현실을 창조해 낼 수 없다고 여긴다면, 우리는 허구세계의 노예로 전락할 수밖에 없다. "까맣게 잊으라는/그 말조차 잊으려고" 했다. 까맣게 잊으라는 말 자체가 자신이 원치 않는 현실 환경을 기꺼이 버리고, 스스로가 원하는 삶을 살기 위해 쉼 없이 굳은 신념을 갖고 살아가라는 이야기다. 망각조차 강요되는 상황, 그것조차도 감정의 억압으로 느껴지므로 잊으라는 말조차도 잊어야 한다. 입을 굳게 다물고 있었지만, 입술 사이를 비집고 터진 웃음은 기쁨이 아닌 역설적으로 쓰라린 웃음이 아닐까.

결국 실존한다는 것은 단순히 생물학적으로 살아 있는 상태를 넘어서 자신의 존재 이유와 방향을 끊임없이 자문하고 책임지는 과정이 동반되어야 한다. 장 폴 사르트르의 말처럼 "존재는 본질에 앞서" 우리 자신을 끊임없이 창조해야 한다. 실존은 고정된 상태가 아니라 불안과 자유, 책임과 선택 사이에서 자신을 형성해 가는 과정이다. 따라서 실존의 의미는 외부에서 주어지는 것이 아니라, 각자가 자기 삶에 부여하는 태도와 선택의 총합 속에서 발견된다. 박숙경 시인은 길을 찾는 과정에 "당신의 오래된 희망/아직, 유효한가"(「희망자원 앞에서」)를 확인하려 들기보다 감내할 수 있는 고통과 슬픔의 순간을 차분히 받아들이기를 바란다. 그리고 "영원으로 가는 길이 이 길밖에 없다면/이 악물고 견딜게요 천삼백 도 불지옥을"(「청화백자초화문병」)이라고 다짐하며 인내하는 삶을 안내한다. 시인은 이 불지옥을 견뎌내면 영원을 얻는다는 것을 알기 때문이다. "잘못 든 갈림길도 길이라 돌아 나와/낯선 길 위에서 마주치면 또 반가워"(「꽃양귀비」)할 수 있도록 스스로의 삶을 만들어야 한다고 믿는다. 시인은 양귀비꽃처럼, 통증을 통증이 아닌 것으로 견디며, 그것을 억누르고 살아내는 법을 시 쓰기를 통해 실천하고 있는 것이다.

가히 시선 014

심장을 두고 왔다
ⓒ 박숙경

초판 1쇄 인쇄	2025년 6월 2일
초판 1쇄 발행	2025년 6월 10일
지은이	박숙경
펴낸이	김석봉
디자인	헤이존
펴낸곳	문학의전당
출판등록	제448-251002012000043호
주소	충북 단양군 적성면 도곡파랑로 178
전화	043-421-1977
전자우편	sbpoem@naver.com

ISBN 979-11-5896-694-2 03810

*이 책의 판권은 지은이와 문학의전당에 있습니다.
*양측의 서면 동의 없는 무단 전재 및 복제를 금합니다.
*잘못 만들어진 책은 바꿔드립니다.
*이 시집은 2025 대구광역시, 대구문화예술진흥원 문학작품집발간지원사업의 지원을 받아 제작되었습니다.